Anne-Katrin Hagen

Das Kleine Hufeisen

Tipps für die erfolgreiche Prüfung

CADMOS
PFERDEBÜCHER

Inhalt

Impressum

Gestaltung und Satz: Ravenstein, Verden
Fotos: Christina Krumm
Titelfotos: Christina Krumm
Druck: Grindel Druck, Hamburg

ISBN 3-86127-277-6

So sieht das offizielle Abzeichen der FN für das „Kleine Hufeisen“ aus.

Was ist das „Kleine Hufeisen“?

Zweck des Abzeichens

Wer das schöne Stoffabzeichen trägt, macht jedem sichtbar, dass er in einer Prüfung bewiesen hat, sichere Grundkenntnisse im Umgang mit einem Pferd oder Pony zu haben. Es soll außerdem ermutigen, mit Freude und Spaß am Reitsport weiter zu lernen und nach und nach auch schwerere Prüfungen mit Erfolg abzulegen.

Wer ist zugelassen?

Jedes Kind oder jeder Jugendliche, der im laufenden Kalenderjahr nicht älter als 16 Jahre wird, kann das „Kleine Hufeisen“ erwerben.

Was wird geprüft?

Die Prüfung besteht aus drei Teilen:

1. Der Umgang mit dem Pferd
2. Praktisches Reiten
3. Theorie

Wo wird geprüft?

Die Prüfung kann in jeder Reitschule oder in jedem Reitverein abgelegt werden. Natürlich sollte ein Reitplatz oder eine Reithalle vorhanden sein.

Wer ist der Prüfer?

Jeder Reitlehrer, der mindestens die Fachübungsleiter-Lizenz (besser: die Richter-Qualifikation) besitzt, darf diese Prüfung abnehmen, also auch der eigene Reitlehrer. Aber viel spannender und vielleicht auch gerechter ist es, wenn der Reitlehrer des Nachbarvereins der Prüfer ist.

Was kostet das „Kleine Hufeisen“?

Der Veranstalter muss die Gebühren mit dem Landesverband abstimmen. Bezahlt wird meist vor der Prüfung an dem Ort, an dem man sich zur Prüfung anmeldet.

Verleihung des Abzeichens

Wenn alles glatt verlaufen ist, händigt der Prüfer ein Stoffabzeichen und eine Urkunde mit Glückwunsch und Kommentar aus.

Wie lautet das Prüfungsergebnis?

Ausschlaggebend ist das Grundwissen über das Pferd oder Pony und die Geschicklichkeit und Sachkundigkeit, mit ihm umzugehen. Sitz und Hilfengebung beim praktischen Reiten fließen in die Beurteilung mit ein. Das Prüfungsurteil heißt „bestanden“ oder „nicht bestanden“. Einzelne Wertnoten gibt es nicht.

Kann die Prüfung wiederholt werden?

Auch wenn nur eine Teilprüfung nicht bestanden wurde, muss die ganze Prüfung wiederholt werden. Das kann zum nächstmöglichen Termin geschehen, auch an einem anderen Ort.

Pferdepflege

Putzen

Das Putzen gehört zu den schönsten Beschäftigungen am Pferd. Besonders junge Mädchen genießen es sehr! Die meisten Pferde aber auch. In der Natur beknabbern und kraulen sich die Pferde gegenseitig das Fell mit den Zähnen und zeigen dem anderen Pferd, wo sie es am liebsten hätten, nämlich dort, wo sie selber nicht hinlangen können. Das ist an der Mähne, am Widerrist und auf dem Rücken. Man kann dieses Verhalten auf der Weide beobachten. Unsere heutigen Sportpferde verbringen allerdings viel Zeit im Stall, also müssen wir diese Aufgabe übernehmen. Indem der Mensch mit Striegel und Kardätsche putzt, wird die Haut des Pferdes ganz und gar durchmassiert und die Durchblutung gefördert. Staub, Schweiß und Schmutz werden mit dem Striegel gelockert und mit der Bürste (Kardätsche) herausgebürstet. Man beginnt an der linken Halsseite am Genick. Mit kräftigen Bewegungen und etwas Druck führt man den Striegel (am besten ist er aus Plastik oder Metall) mit dem und gegen den Haarstrich hin und her. Oft klopft man den Striegel auf dem Fußboden aus (nicht an der Boxwand!), um den gelösten Schmutz aus dem Striegel zu schlagen. So striegelt man das ganze Pferd, vom Genick über Schulter, Brust, Rücken, Rippen, Bauch und Kruppe bis zum Sprunggelenk. Viele Pferde sind am Bauch

In Freiheit helfen sich Pferde gegenseitig bei der Fellpflege.

Der Bauch darf beim Putzen nicht vergessen werden. Die Hand auf dem Rücken lenkt ab und beruhigt.

sehr kitzelig. Gut ist es, wenn man die freie Hand auf den Pferderücken legt, um beruhigend zu streicheln, während die andere den Bauch bearbeitet.

Überall, wo Knochen dicht unter dem Fell liegen, auf der Schulter, dem Widerrist, der Wirbelsäule und den Hüften, ist man natürlich sehr vorsichtig und striegelt mit ganz wenig Druck. Oder man verwendet für diese Stellen einen Gummistriegel. Die Beine werden kräftig mit einer Wurzelbürste abgebürstet. Den Kopf bürstet man vorsichtig mit einer kleineren Kopf- oder „Schmuse"-Bürste, weil das Fell dort sehr dünn ist und die Knochen dicht unter dem Fell liegen. Dort, wo das Leder der Trense aufliegt, hinter den Ohren und am Kehlgang, ist Sauberkeit am wichtigsten. Auch zwischen den Vorderbeinen und an den Innenseiten der Beine putzen! Wenn der Kopf nun schön sauber ist, nimmt man den Striegel in die rechte Hand und die Kardätsche in die linke und beginnt wieder an der linken Halsseite, das Pferd in langen Strichen in Fellrichtung abzubürsten. Nach jedem Strich streicht man kurz und energisch die Kardätsche über den Striegel, um die Bürste sauber zu halten. Und immer wieder wird der Striegel auf der Stallgasse ausgeklopft. Jetzt werden auch die Beine mitgebürstet. Wenn die rechte Seite des Pferdes mit der Kardätsche bearbeitet wird, wechselt auch die Bürste von der linken Hand in die rechte, und der Striegel von der rechten in die linke Hand. Es wird so lange gebürstet, bis das Fell sich seidig anfühlt und schön glänzt.

Die Mähne wird kräftig von unten und oben gebürstet.

Pflege des Langhaars

Die Mähne

Die Mähne kann man meistens richtig kräftig bearbeiten. Es sei denn, sie ist sehr dünn und lang: dann wird sie vorsichtig gebürstet und gekämmt. Etwas Schweif- und Mähnen-Sprühlotion erleichtert die Arbeit. Eine Drahtbürste, ähnlich wie Mädchen sie für ihr langes Haar benutzen, eignet sich recht gut. Aber auch eine Wurzelbürste tut gute Dienste.

Die lange Mähne wird von oben und von unten (wobei man die Mähne auf die andere Halsseite schlägt) gut durchgebürstet. Am Schluss kann man noch mit dem Mähnenkamm die letzte Feinheit geben. Bei einigen Ponys ist die Mähne dafür aber einfach zu dick. Ist die Mähne kurz, wird kräftig hin und her und von unten und oben gebürstet. Am Schluss wird das glänzende Haar schön von oben nach unten in Form gebürstet. Den Stirnschopf nicht vergessen!

Der Schweif

Der Schweif muss sehr vorsichtig behandelt werden. Ein schöner, langer und voller Schweif ist der Stolz eines jeden Pferdebesitzers und wahrscheinlich auch jedes Pferdes. Er ist so wichtig, um lästige Insekten abzuwehren! Es dauert Jahre, bis das einzelne Haar oben von der Schweifrübe bis hinunter zum Fesselkopf gewachsen ist. Also bitte kein Haar mit Bürste oder Kamm ausziehen. Der Schweif wird nur „verlesen". Dazu stellt man sich seitlich neben die Hinterhand. Das Pferd könnte ausschlagen, wenn es ziept.

Die einzelnen Schweifhaare werden vorsichtig einzeln aus dem ganzen Bündel herausgelesen.

Man nimmt den vollen Schweif in eine Hand und liest mit der anderen Hand vorsichtig jedes einzelne Haar heraus, entwirrt es, wenn es sich mit anderen Haaren verdreht hat, und sammelt dabei Stroh- und Heuteile heraus. Damit dieses mühsame Geschäft etwas leichter geht, sollte der Schweif öfter mit Pferde-Haarshampoo gewaschen und gut gespült werden. Eine spezielle Schweiflotion kann man in das trockene Haar sprühen. Sie macht das Haar glatt und geschmeidig. Es verklettet nicht, und Stroh und Heu fallen leichter heraus.

Hufpflege

Die Hufe werden noch in der Box mit einem Hufräumer von festgetretenem Mist befreit, damit die Stallgasse sauber bleibt. Zuerst wird der linke Vorderhuf hochgenommen, dann der rechte, anschließend der linke Hinterhuf und dann der rechte. Wenn man das immer in derselben Reihenfolge macht, geben die meisten Pferde von selbst die Hufe. Mit dem Dorn des Hufräumers wird sorgsam die Strahlfurche gesäubert.

Beim Reiten können sich dort sehr leicht Steine einklemmen. Deshalb ist es so wichtig, nach dem Reiten die Hufe zu säubern! Der Huf wird abgebürstet und wenn er verkrustet ist, mit Wasser und Hufbürste gereinigt. Nach dem Trocknen fördert ein Lorbeeröl oder -fett die Geschmeidigkeit und das Wachstum der Hufe. Das geht am besten mit einem Pinsel. Hat das Pferd oder Pony häufig feuchte Hufe, weil die Box nass und unsauber ist, empfiehlt es sich, einmal in der Woche den Huf zu teeren. Dazu gibt es speziellen Holzkohleteer, der auch gut

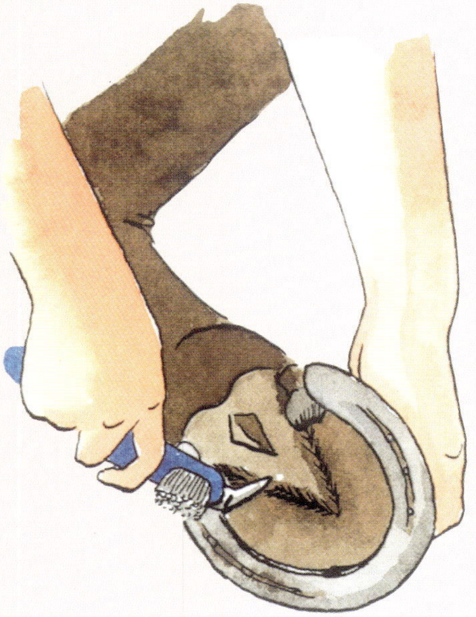

Besonders leicht können sich Steine zwischen Strahl und Eisen einklemmen.

desinfiziert und den Huf trocken hält. Der Teer darf aber nur auf den penibel gesäuberten und getrockneten Huf aufgetragen werden, andernfalls schließt der Teer Bakterien ein und man erreicht das Gegenteil!

Diese Dinge braucht man für die Pferdepflege: Striegel und Kardätsche, Schmusebürste für den Kopf, Wurzelbürste und Hufbürste, Drahtbürste und Schweiflotion und ein weiches Tuch oder einen Fellhandschuh für den letzten Schliff.

Versorgen des Pferdes nach der Arbeit

Wenn das Pferd mit der Arbeit fertig ist, hat es geschwitzt und das Fell ist verklebt. Es wäre unfair, es viele Stunden in diesem Zustand in der Box stehen zu lassen. Mit dem Schwamm werden die Sattellage, die Gurtlage und das Maul vom Schweiß befreit, und das ganze Fell wird mit Wurzelbürste und Kardätsche bearbeitet und wieder schön glatt gebürstet Die Hufe werden auf eingetretene Steine und Sand kontrolliert und eventuell noch einmal gefettet. Wenn das Pferd stark geschwitzt hat und noch nicht trocken ist, bekommt es eine Abschwitzdecke übergelegt, die allerdings, wenn das Pferd trocken ist, wieder abgenommen werden muss. Wenn einmal die Zeit knapp ist, kann man auch trockenes Stroh auf den Rücken häufen. Pferde sind gegen Hitze und Kälte viel unempfindlicher als wir Menschen. Aber Zugluft können sie gar nicht vertragen. Ist ihre Nierenpartie feucht, erkälten sie sich leicht und können sehr krank werden.

Versorgen der Box

Jetzt wird die Box gesäubert. Die Pferdeäpfel werden mit der Forke herausgesammelt und auf den Misthaufen gebracht. Oder das nasse Stroh und die Äpfel werden an den Rand der Box gelegt. Das wird in jedem Stall unterschiedlich gehandhabt. Der Mist, man nennt ihn Matratze, wird geglättet, sodass keine Kuhlen mehr vorhanden sind. Eine gute Matratze in der Box ist wichtig, damit die Pferde nicht auf dem harten, kalten Boden liegen, wenn sie das Stroh beiseite gescharrt haben. Das trockene Stroh wird gleichmäßig

Wenn das Pferd gut versorgt und zufrieden in der Box steht, kann man sich mit gutem Gewissen bis zum nächsten Mal verabschieden.

von den Rändern der Box aus verteilt. Es ist unbedingt darauf zu achten, dass in der Mitte der Box kein Mistberg entsteht; die Ränder sollten immer etwas höher sein als die Mitte! Beim Wälzen könnte das Pferd sonst mit dem Rücken zwischen Mistberg und Wand geraten und sich festlegen. Ein festliegendes Pferd kann sich nicht aus eigener Kraft aus seiner Lage befreien. Da Pferde Fluchttiere sind, geraten sie in Panik, wenn sie nicht aufstehen können. Man muss also schnell Hilfe holen, damit das Tier mit Seilen und starken Männerarmen befreit werden kann.

Jetzt wäre es schön, wenn man etwas Heu in die Box legen könnte. Auf jeden Fall kommt eine Belohnung in die Krippe! Das können getrocknetes Brot, Äpfel oder Möhren sein. Nun kann das Pferd in die Box geführt werden. Dabei geht man immer durch die weit geöffnete Tür voran. Niemals das Pferd alleine gehen lassen! Das Pferd abhalftern und nochmals loben. Das Halfter wird griffbereit außen an die Boxwand gehängt.

Satteln und Zäumen

Satteln

Es ist sinnvoll, das Pferd erst zu satteln und dann zu trensen. Das Pferd steht sicher und ruhig, solange es angebunden ist. Außerdem hat man mehr Zeit zum Nachgurten.

Bevor man mit dem Satteln beginnt, überzeugt man sich, dass die Steigbügel hochgezogen sind und der Gurt glatt über den Sattel geschlagen ist. Nun greift man mit der linken Hand in die Sattelkammer (unter den vorderen Teil des Sattels), hält mit der Rechten den Sattel am Zwiesel (dem hinteren Sattelrand), fasst dabei die Satteldecke mit und hebt ihn mit ruhigen Bewegungen von der linken Seite auf den Widerrist des Pferdes. Kleine Leute sollten einen Tritt verwenden.

Jetzt wird der Sattel so weit nach hinten gezogen, dass die Polsterung unter dem vorderen Teil des Sattels in der Kuhle hinter der Schulter des Pferdes liegt (bei Ponys ist das manchmal schwer zu erkennen). So liegt das Fell unter dem Sattel schön glatt.

Dann geht man um das Pferd herum und zieht noch einmal die Satteldecke nach oben in den Sattel hinein. Man nennt das „den Sattel kammern".

Anschließend wird der Gurt vorsichtig heruntergenommen und von der linken Seite so festgeschnallt, dass er etwa eine Handbreit hinter dem Ellenbogengelenk des Pferdes liegt. Anfangs wird nur so fest gegurtet, dass der Sattel nicht mehr verrutschen kann.

Wenn Steigbügel, Gurt und Satteldecke korrekt am Sattel gelegen haben, kann man alles zusammen glatt aufs Pferd legen.

Den Sattel auf den Widerrist legen und nach hinten in die richtige Position schieben

Von der rechten Seite den Sattelgurt vorsichtig herunternehmen und die Satteldecke noch einmal kammern

Den Sattelgurt sollte man anfangs nur so weit festziehen, dass der Sattel nicht mehr verrutschen kann.

Nach dem Auftrensen kann man den Gurt meistens schon ein bis zwei Löcher fester ziehen. Vor dem Aufsitzen wird die Schnalle nochmals ein bis zwei Löcher angezogen. Die endgültige Festigkeit bekommt der Gurt, wenn man ein paar Runden geritten ist. Dieses Nachgurten darf man nicht vergessen! Wenn das Pferd sich durch die Bewegung entspannt, lockert sich der Sattelgurt noch einmal um mehrere Löcher. Der Sattel rutscht dann nach vorn oder hinten und kann sehr schmerzhafte Scheuerstellen auf dem Pferderücken verursachen. Um nachzugurten bringt man das Pferd zum Halten, die Zügel kommen beide in die rechte Hand und bleiben leicht angestellt. Das linke Bein wird hochgezogen und mit dem Knie über die Sattelpauschen gelegt. Der Steigbügel bleibt dabei über dem Fuß. Mit der linken Hand hebt man das Sattelblatt an, ergreift erst die vordere Strupfe, der Zeigefinger greift unter den Schnallendorn, sodass der Dorn gleich das neue Loch findet, wenn die Strupfe nach oben enger gezogen wird. Dann wird die hintere Strupfe nachgezogen. Das Sattelblatt, welches vom linken Arm hochgehalten wurde, kommt an seinen Platz und das Bein wird mit einer ruhigen Bewegung wieder herabgelassen.

Das klingt alles ganz schwierig, ist es aber nicht. Sehr kleine Leute sollten sich ruhig helfen lassen. Nur vergessen darf man das Nachgurten nicht!

Nachgurten nicht vergessen! Der lockere Sattel könnte das Pferd wund scheuern und ist auch für den Reiter gefährlich!

So findet man seine eigene Bügellänge für den Dressursitz.

Vielseitigkeitssattel

Verschnallen der Bügel

Die eigene Bügellänge findet man, indem man die Fingerkuppen auf die Bügelriemenschnalle legt. Der Steigbügeltritt muss dann bei ausgestrecktem Arm bis in die Achselhöhle reichen.

Um ins Gelände zu reiten, empfiehlt es sich, die Bügelriemen ein bis zwei Loch kürzer zu schnallen. Zum Springen werden die Bügel nochmals kürzer geschnallt.

Satteltypen

Man unterscheidet drei Satteltypen: Vielseitigkeitssattel, Dressursattel und Springsattel.

Der Vielseitigkeitssattel hat ein leicht nach vorn gewölbtes Sattelblatt mit mittelstarken Kniepauschen. Er eignet sich am besten für Reiter, die nicht nur auf dem Reitplatz, sondern gern einmal in das Gelände reiten und vielleicht ein paar kleine Sprünge springen möchten.

Den Dressursattel zeichnet ein besonders langes und nach vorn gerades Sattelblatt mit schmalen und wenig ausgeprägten Kniepauschen aus. Der Sattelkranz ist hinten etwas höher. Dieser Sattel ist gut, um mit besonders langen Beinen und ganz tiefem Sitz zu reiten. Im Gelände ist er für den Reiter anstrengend und für das Springen eignet er sich gar nicht, weil man nicht mit kurzen Bügeln in ihm reiten kann.

Der Springsattel hat einen flachen Sitz und kurze, stark nach vorn gewölbte Sattelblätter. Außer sehr stark ausgeprägten Kniepauschen hat er häufig auch Wadenpauschen. Zwischen beiden Pauschen liegt der Schenkel ruhiger und sicherer im leichten Sitz mit sehr kurzen Bügeln und über hohen Sprüngen. Der flache

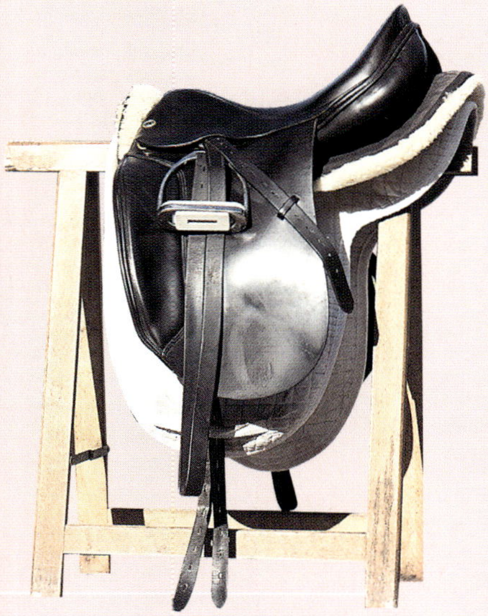

Dressursattel

Sitz gibt größtmögliche Bewegungsfreiheit. Im Springsattel kann man die großen, heftigen Bewegungen, die beim Springen entstehen, viel besser ausbalancieren.

Springsattel

Zäumen

Man hängt die geordnete Trense über den Arm. Dann stellt man sich links neben den Pferdekopf mit Blick nach vorn. Man löst das Halfter und streift es über den Pferdehals, sodass das Pferd am Hals noch mit Halfter und Strick gehalten wird. Nun legt man mit der rechten Hand die Zügel über den Hals. Jetzt kommt die Trense in die rechte Hand, und zwar so, dass Ring- und kleiner Finger die Backenstücke voneinander trennen. Vorsichtig legt man die Hand mit der Trense auf das Nasenbein des Pferdes, während die linke flache Hand mit leicht gekrümmten Fingern das Gebiss zwischen die Zähne schiebt (ein Zucker- oder Apfelstückchen wirkt hierbei manchmal Wunder!).

Ist das Mundstück angenommen, zieht die rechte Hand die Trense nach oben zum Stirnschopf und schnell über das rechte Ohr, während die linke das linke Ohr unter dem Genickstück durchzieht.

Mit der flachen Hand schiebt man das Gebiss ins Maul.

Dann wird erst das rechte, dann das linke Ohr unter dem Genickstück hervor gezogen.

Korrekt verschnallte Trense mit Hannoverschem Reithalfter

Richtig verpasste Trense mit Englischem Kombihalfter

Der Stirnschopf wird über dem Stirnband geordnet. Das Stirnband sollte lang genug sein, damit das Genickstück nicht nach vorne gezogen wird und an den empfindlichen Ohren drückt. Jetzt noch den Nasenriemen schließen: beim *Hannoverschen Reithalfter* wird er unter dem Gebiss so verschnallt, dass das Sperrhalfter drei bis vier Finger breit über dem Nüsternrand verläuft und zwei Finger zwischen Fell und Riemen Platz haben.

Beim *Englischen Reithalfter* mit Pullerriemen wird das Sperrhalfter oberhalb des Trensengebisses verschnallt, und zwar so, dass es zwei Fingerbreit unterhalb des Jochbeines liegt und zwei Finger seitlich am Nasenbein dazwischen passen. Der Pullerriemen wird unter dem Gebiss hindurch geführt und ebenfalls mit zwei Fingerbreit Raum geschlossen. Nun noch den Kehlriemen locker schließen, sodass eine hochgestell-

Zuerst wird der Nasenriemen, dann der Pullerriemen und zuletzt der Kehlriemen geschlossen.

und bei Verkrustungen, zum Beispiel am Pullerriemen, kommt der Topfschwamm zum Einsatz. Die Sattelseife wird nicht abgespült, sondern mit dem Wolllappen nachpoliert, nachdem sie getrocknet ist.

Von Zeit zu Zeit muss die Trense vollständig auseinander geschnallt werden, um auch um die Schnallen herum und in allen Ritzen gesäubert zu werden. Nur gut getrocknetes Leder darf gefettet werden! Sonst schwitzt das Leder. Bügelriemen, Sattelstrupfen und Pullerriemen müssen häufiger gefettet werden. Sonst reicht meistens die Sattelseife. Wenn man das regelmäßig macht, erhält man die Reißfestigkeit und Geschmeidigkeit des Leders. Diese teuren Ausrüstungsgegenstände halten dann viel länger und alles sieht gepflegt aus.

te Hand zwischen Kehle und Riemen Platz hat. Das Halfter wird über den Kopf gezogen und an den Haken gehängt. Niemals das Halfter auf dem Boden der Stallgasse liegen lassen! Andere Pferde könnten hineintreten, sich erschrecken und sich und andere Menschen verletzen.

Die Lederpflege

Für die Lederpflege benötigt man einen Schwamm (ein Topfschwamm aus der Küche tut gute Dienste), einen Lappen, einen Wolllappen, Sattelseife und Lederfett. Nach jedem Reiten wird die Trense mit dem feuchten Lappen und etwas Sattelseife gereinigt. Natürlich auch der Sattel, wenn er bei Regenwetter schmutzig geworden ist. Mit Lappen und Seife werden die einzelnen Lederteile abgerieben,

Lederpflege ist eine sehr wichtige Arbeit!

Die erhobene Hand leitet die Wendung ein.

Das Führen und Anbinden des Pferdes

Geradeaus und in Wendungen führen

Zum Führen sollte das Pferd aus Sicherheitsgründen immer aufgetrenst sein! Nur in ganz vertrauter Umgebung und wer sein Pferd sehr gut kennt, darf es kurzfristig am Halfter führen. Zum Führen nimmt man die Zügel vom Hals und fasst mit der rechten Hand beide Zügel etwa eine Handbreit unterhalb der Trensenringe, wobei der Zeigefinger die Zügel voneinander trennt. Kleine Leute mit kleinen Händen nehmen das Zügelende in die linke Hand. Große Leute nehmen das Schnallenende mit in die rechte Hand. Grundsätzlich geht man an der linken Seite des Pferdes! Auch wenn nur am Halfter geführt wird, gilt: Niemals ein Pferd ohne Strick führen! Ein Halfter lässt sich allzu schnell aus der Hand reißen! Muss man ein Pferd wenden – ob auf dem Hofplatz beim Vorführen vor dem Tierarzt oder auf der Stallgasse – geht der Reiter den großen Bogen und das Pferd den kleinen. Man wendet also immer rechts herum. Damit verhindert man, dass das Pferd dem Führenden auf die Füße tritt oder ihn sogar umrennt. Notfalls hebt man ruhig die linke Hand in die Höhe des Pferdeauges, um die Rechtswendung zu erleichtern.

An anderen Pferden vorbei führen

Muss man das Pferd an einem anderen Pferd auf der Stallgasse vorbei führen, so ruft man das andere Pferd kurz an und schaut, ob es etwa die Ohren anlegt und droht: dann ist Hilfe erforderlich. Bleibt alles ruhig, so wird das Pferd zügig und energisch an dem anderen vorbeigeführt. Bei engen Durchlässen, Gartenpforten, engen Stalltüren und ähnlichen Engpässen geht der Führende energisch voran, wobei die Zügel oder der Strick entsprechend länger gelassen werden, und schaut das Pferd nicht an! Das Pferd wird folgen.

Anbinden

Niemals das Pferd am Zügel anbinden! Wenn es sich losreißt, zerreißt es nicht nur die teure Trense, sondern kann sich auch noch erheblich verletzen. Immer ein Halfter aufziehen, notfalls über die Trense. Der Strick sollte einen Panikhaken haben. Das Strickende wird mit einem Sicherheitsknoten an einer Schlaufe aus Bindegarn von Stroh- oder Heuballen befestigt, die um den Balken gebunden wird.

Dieser Knoten lässt sich bei Gefahr leicht aufziehen, falls – was manchmal leider vorkommt – der Panihaken blockiert. Die Schlaufe aus Bindegarn hat sich bewährt, weil sie reißt, wenn man in größter Not weder den Panikhaken noch den Sicherheitsknoten lösen konnte. In vielen Ställen ist es üblich, die Pferde auf der Stallgasse beidseitig, also mit zwei Stricken anzubinden. Dann werden die Panikhaken in die seitlichen Ringe des Halfters geschnallt. Das ist praktisch, weil die Pferde ruhiger stehen, nicht hin- und hertreten können und es ihnen unmöglich ist, an den Boxwänden herumzuknabbern.

Der Sicherheitsknoten: Am besten übt man ihn mit einem Bademantelgürtel.

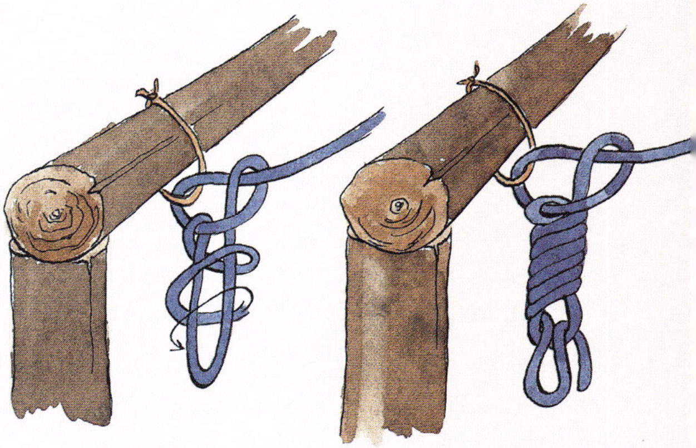

In den Notriemen oder in die Mähne greifen und den linken Fuß in den Bügel stellen, dann den Sattelkranz fassen und sich mit dem rechten Fuß vom Boden abstoßen

Aufsitzen

Das Pferd wird zügig in die Mitte des ersten Zirkels geführt und parallel zur kurzen Seite hingestellt. Jetzt werden die passend verschnallten Bügel herabgezogen (ohne lauten Knall). Nun stellt man sich in Schulterhöhe neben das Pferd mit dem Blick in Richtung Schweif, fasst mit der linken Hand ein Büschel Mähne oder den Notriemen des Sattels und hebt den linken Fuß in den Steigbügel.

Die rechte Hand hält zuerst den Bügelriemen fest, um gleich darauf den Sattelkranz zu greifen, das rechte Bein stößt vom Boden ab, man zieht sich hoch und ist in einem Stützhang am Pferd. Jetzt das rechte Bein gestreckt über den Pferderücken schwingen. Vorsicht: dabei nicht mit dem Knie oder dem Stiefel den Pferderücken streifen, denn Pferde sind kitzelig! Jetzt weich und geschmeidig im Sattel Platz nehmen und sofort den rechten Bügel aufnehmen. Das Ganze ist eine einzige, weich fließende Bewegung.

In einen Stützhang gehen und ...

... das rechte Bein, ohne das Pferd zu berühren, über den Pferderücken schwingen. Gleich den rechten Bügel aufnehmen.

Es ist streng darauf zu achten, dass das Pferd ruhig stehen bleibt, bis der Reiter sicher im Sattel Platz genommen hat und der rechte Bügel aufgenommen wurde. Erst dann darf sich das Pferd in Bewegung setzen. Ist der Reiter ziemlich klein und das Pferd groß, darf man von einer Kiste oder einem Schemel aus aufsitzen. Es ist schonender für das Pferd und die Kniegelenke des Reiters. In solchem Fall ist es besonders wichtig, dass das Pferd während des Aufsitzens stehen bleibt! Es kann sonst passieren, dass das Pferd die Kiste umrennt, sich dadurch erschreckt und in Panik davon stürmt. Natürlich muss man im Ernstfall in der Lage sein, vom Boden aus aufzusitzen! Aber auch im Gelände findet sich ein Stein, ein Baumstamm oder eine erhöhte Feldkante, von der aus man aufsitzen kann.

Das kann gefährlich werden!

Der Sitz

Nun sitzt man auf dem Pferd! Im Dressursitz sitzt man gleichmäßig ausbalanciert auf beiden Gesäßknochen tief im Sattel und lässt die Beine lang und locker hängen. Nur die Fußspitzen werden unter dem Ballen vom Steigbügel abgefangen. Der Absatz ist der tiefste Punkt des Reiters. Die Füße stehen parallel zum Pferd, sodass die flache Wade am Pferdekörper anliegt. Trägt man Sporen, kann man bei korrekter Schenkellage sicher sein, dass der Sporn nach unten abwärts ragt und nicht unbeabsichtigt in die Pferderippen sticht. Wenn der Absatz tief ist und die Wade flach am Pferd liegt, kann das Fußgelenk in der Bewegung mitfedern. Das ist sehr wichtig! Der Oberkörper ist aufgerichtet, ohne verkrampft zu sein, und der Kopf wird ganz natürlich frei getragen. Der Blick geht zwischen den Pferdeohren hindurch nach vorn. Die Schultern werden ein wenig zurückgenommen und entspannt fallen gelassen. Die Arme hängen ganz natürlich herab. Nun schließt man locker die Faust (der Daumen liegt wie ein Dach darüber) und winkelt die Arme im Ellenbogen an, bis die Fäuste etwa eine Handbreit über dem Widerrist stehen. So sind Arm- und Handhaltung korrekt. Unterarm und Zügel bilden beinahe eine Gerade. Wenn der Reiter auf diese völlig unverkrampfte Art im Sattel sitzt, könnte man vom Ohr über Schulter und Hüftgelenk bis hinunter zum Fußgelenk eine Gerade ziehen.

Von hinten gesehen ergeben Kopf und Rücken des Reiters zusammen mit der Mitte der Kruppe und dem Schweif des Pferdes eine Senkrechte, während Schultern, Hüften und Füße des Reiters waagerechte Parallelen ergeben. Diese natürliche Haltung muss in allen Gangarten beibehalten werden.

Tief in den Sattel setzen und aus der Körpermitte heraus nach oben und unten wachsen, also den Oberkörper höher und die Beine länger machen wollen. Dabei darf man sich aber nicht verkrampfen!

Über der Mitte des Pferdes ausbalancieren: Schultern, Hüften und Bügeltritt stehen jeweils gleich hoch.

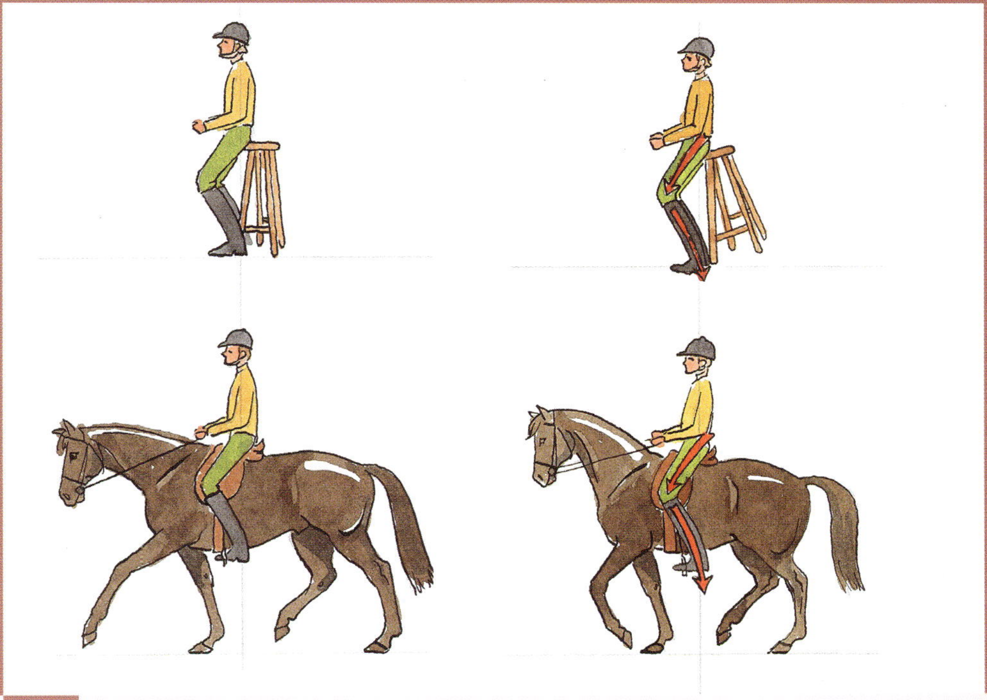

Es lohnt sich, auf einem Hocker auszuprobieren, welche Muskeln man anspannen muss, damit der Hocker kippelt.

Hilfengebung

Welche Mittel (Hilfen) stehen nun zur Verfügung, um sich dem Pferd verständlich zu machen?

Gewichtshilfen

Wie beim freihändigen Fahrradfahren ist auch beim Reiten die Balance alles. Durch Gewichtsverlagerung kann man die Richtung bestimmen. Man sitzt in die Richtung, in die man reiten will. Drückt man mit beiden Gesäßknochen nach vorn, indem man das Becken ein wenig kippt (als ob man mit einem Hocker kippelt), so ist das ein Zeichen für das Pferd, die Hinterbeine aktiver einzusetzen und das Tempo zu beschleunigen. Unterstützt wird die Gewichtshilfe durch die Schenkelhilfen.

Schenkelhilfen

Legt man die Waden fester an, ist dies für das Pferd ein Signal, energischer vorwärts zu treten oder vom Stand in den Schritt oder vom Schritt in den Trab zu kommen. Beide Schenkel haben aber auch noch verschiedene andere Aufgaben: Der innere Schenkel (das ist der linke auf der linken Hand und der rechte auf der rechten Hand) ist in der Regel der treibende Schenkel. Er liegt am Gurt und treibt, unterstützt vom „Kreuz", also von dem nach vorn gegen die Sattelkammer drückenden Sitzknochen, vorwärts oder zur Seite. Der äußere Schenkel liegt ein wenig hinter dem Gurt und „verwahrt" das Pferd auf der richtigen Spur, das heißt, er sorgt dafür, dass das Pferd nicht mit der Hinterhand zur Seite tritt („ausfällt").

Zügelhilfen

Die Zügelhilfe ist die einzige Hilfe, die nie allein angewandt werden darf. Immer wird sie mit Kreuz und Schenkel zusammen gegeben. Man unterscheidet nachgebende (etwas nach vorn gehende), annehmende (nach innen eingedrehte Zügelfäuste) und durchhaltende (durch elastisch hingestellte, feststellende Hände) Zügelhilfen. Hinzu kommt die richtungsgebende Hilfe.

Gewichts-, Schenkel- und Zügelhilfen sind, fein aufeinander abgestimmt, das ganze Geheimnis der Reiterei. Man braucht viele Jahre, um annähernd gelernt zu haben, dieses Zusammenspiel meisterlich zu beherrschen.

Stimmhilfen

Die Stimme ist wichtig für ganz junge Pferde. Sie beruhigt, muntert auf oder kommt auch einmal scharf verwarnend. Später muss es natürlich fast „ohne" gehen. Aber loben sollte man ein Pferdeleben lang!

Gertenhilfen

Die Gerte wird nur kurz zum Touchieren benutzt, um ein Hinterbein zu aktivieren, das Treiben zu forcieren oder – wenn man schon sehr sicher ist – auch einmal einen wohl überlegten Klaps zu erteilen.

Mit der linken Hand in die Mähne greifen und darauf achten, dass das rechte Bein das Pferd nicht berührt.

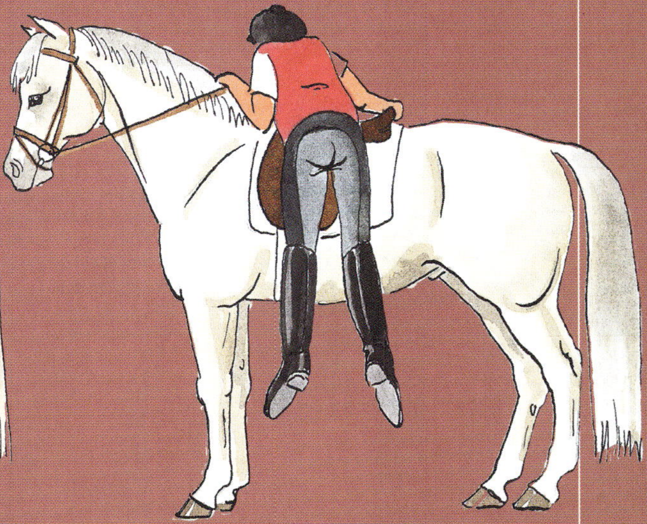

Aus dem Stützhang lässt man sich langsam auf die Erde gleiten.

Absitzen

Das Pferd wird parallel zur kurzen Seite im oberen Zirkel zum Halten gebracht. Beide Zügel in die linke Hand nehmen und in die Mähne greifen. Den rechten Fuß aus dem Bügel ziehen und das rechte Bein hoch über den Pferderücken schwingen.

Schnell greift die rechte Hand den Sattelkranz, und der Oberkörper legt sich quer über den Sattel in eine Art Stützhang. Nun wird der linke Fuß aus dem Bügel genommen und der Reiter lässt sich sacht auf die Erde gleiten.

Auch hier gilt: nicht mit dem Knie oder dem Stiefel den Pferderücken streifen! Die Hand mit den Zügeln darf beim Auf-die-Erde-Gleiten auf keinen Fall im Pferdemaul reißen. Die Zügel sollten aber immer leicht angestellt bleiben, damit das Pferd stets im Griff ist. Wie beim Aufsitzen, so muss das Pferd auch beim Absitzen ruhig stehen bleiben!

Das gibt Ärger!

Bahndisziplin

So macht man sich Freunde!

Wenn man mit seinem Pferd den Reitplatz betreten möchte, ruft man laut und verständlich „Tür frei?" (das ist eine Frage und nicht etwa ein Befehl!) und wartet die Antwort „Ist frei!" ab. Erst dann führt man das Pferd in die Mitte des oberen Zirkels zum Aufsitzen. Dass man grüßt, wenn man die Halle oder den Platz betritt, und sich verabschiedet, wenn man sie verlässt, und die Steigbügel ohne lauten Knall herabzieht, versteht sich von selbst.

Der meistens sichtbare Trampelpfad rund um den Reitplatz heißt Hufschlag, alle Abweichungen davon nennt man Hufschlag-Figuren. Sie sind vorgeschrieben. Geritten wird auf der linken oder auf der rechten Hand, das heißt, links- oder rechtsherum. Die linke Hand hat immer Vorfahrt. Der Reiter, der auf der rechten Hand reitet, muss dem auf der linken Hand entgegenkommenden in die Bahn hinein ausweichen. Im Schritt wird der Hufschlag freigehalten. Wenn man auf dem Zirkel reitet, muss man demjenigen, der sich auf der ganzen Bahn befindet, Platz machen, gleichgültig, in welcher Gangart sich beide Reiter bewegen. Wechselt man die Hand über die Diagonale („Durch die ganze Bahn wechseln"), reitet man wie im Straßenverkehr rechts aneinander vorbei. Möchte man ausnahmsweise auf dem Hufschlag stehen bleiben, zum Beispiel, um sich die Jacke auszuziehen, ruft man laut und deutlich: „Hufschlag frei!" Auch hier bitte die Antwort abwarten!

Sind mehrere Reiter in der Reithalle, wird häufig auf einer Hand geritten, also alle reiten links oder rechts herum. Wenn kein Reitlehrer in der Halle ist, hat der älteste oder erfahrenste Reiter das Kommando: er sagt von Zeit zu Zeit „Handwechsel" an. Diesem Kommando ist sofort auf dem kürzesten Wege Folge zu leisten. In der Reitbahn sollte man sich so leise wie möglich verhalten, um andere Reiter nicht zu stören. Also kein überlautes Reden mit dem eigenen Pferd! Pferde können mir ihrem feinen Gehör auch ganz leise Worte hören. Nicht mit der Bandentür knallen und sich nicht quer durch die Halle mit einem Kollegen unterhalten, wenn andere arbeiten!

Auch sollte die Gerte so getragen werden, dass sie vom Reiter nicht weit absteht und andere Pferde im Vorbeireiten kitzelt. Sie könnten danach schlagen. Immer darauf achten, dass genügend Abstand zu anderen Pferden gehalten wird!

Man muss sich gut merken, wie viel man vom Vordermann und eventuell vom Reitplatzboden sieht.

Hintereinander her reiten

Sind alle Reiter mit ihren Pferden in der Reitbahn, gibt der Reitlehrer meist das Kommando „Auf der linken Hand Abteilung bilden! Anfang der große Braune (oder den Namen des Reiters)." Der Reiter auf dem großen Braunen hebt die Hand und ruft laut „Anfang hier!" Danach wird angesagt, wer am zweiten, dritten oder weiteren Plätzen reitet. Die größten und die gangstärksten Pferde gehen in der Regel am Anfang der Abteilung. Auf dem kürzesten Wege lenken alle Reiter ihre Pferde auf die linke Hand und nehmen ihre zugewiesenen Plätze ein. Der Abstand zum Vordermann beträgt üblicherweise zwei Pferdelängen, das heißt, man sieht, wenn man zwischen den Ohren seines Pferdes hindurchschaut, das ganze Pferd des Vordermannes und etwas Reitplatzboden. Wenn es heißt „Abstände gut so!", prägt man sich ein, was man vom Vorreiter sieht. Diesen Abstand sollte man die ganze Prüfung über beibehalten!

Hat man nun ein kleines Pferdchen, das nur kurze Schritte macht, muss man die Reitplatzecken abrunden, nötigenfalls sogar die Bahn etwas verkürzen, um den Abstand immer wieder herzustellen. Hat man ein sehr großes Pferd, reitet man tief in die Ecken hinein, um den Weg zu verlängern. Die ganze Zeit der Prüfung schön aufpassen, was der Reitlehrer kommandiert. „Im Arbeitstempo Terrab!" und alle traben gleichzeitig an. Sehr selten wird der Galopp in der ganzen Abteilung gefordert, weil das meistens ein Chaos wird. Der Reitlehrer sagt an, wer sein Pferd angaloppieren soll und in welche Richtung. Keine Angst: es wird genau wie im Unterricht sein! Im Allgemeinen gilt: immer hinter dem Vordermann bleiben und den Abstand halten.

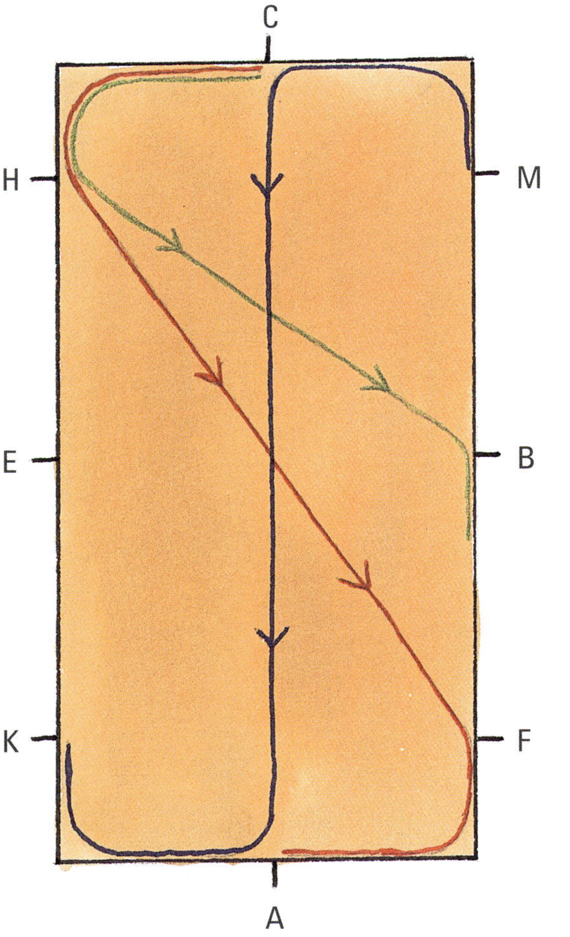

Blau: Durch die Länge der Bahn wechseln
Grün: Durch die halbe Bahn wechseln
Rot: Durch die ganze Bahn wechseln

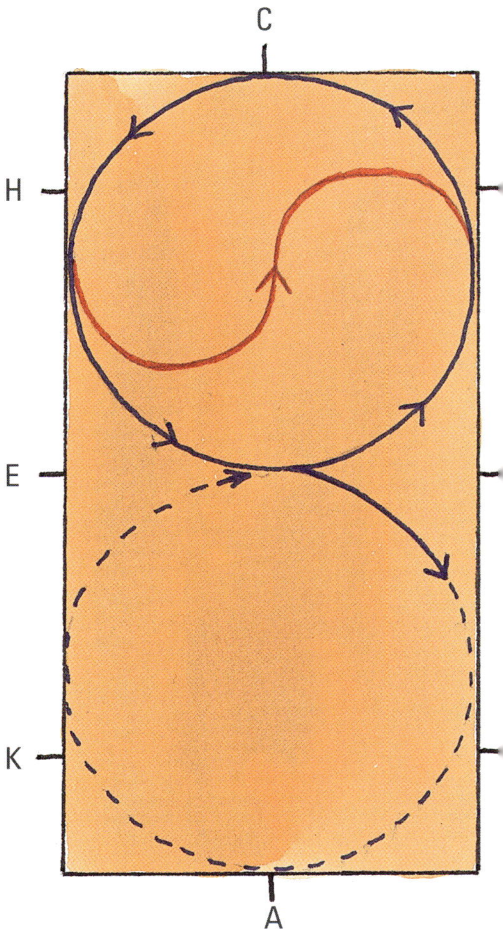

Blau: Auf dem Zirkel geritten
Blau: Aus dem Zirkel wechseln
Rot: Durch den Zirkel wechseln

Hufschlagfiguren

Als Hufschlagfiguren bezeichnet man alle Abweichungen vom Hufschlag, der nur rund um die Reitbahn verläuft. Diese Abweichungen sind vorgeschrieben. Sie verlaufen auf geraden oder auf gebogenen Linien. Die Hufschlagfiguren müssen stets ganz sauber von einem vorgeschriebenen Punkt zum anderen geritten werden, da sie sonst ihre Wirkung verfehlen. Zum einen beweist der junge Reiter, dass er in der Lage ist, sein Pferd ganz genau dorthin zu reiten, wohin er will, und dass es nicht seinen eigenen Weg geht. Zum anderen wird das Pferd durch richtig gerittene Hufschlagfiguren gymnastiziert; es wird gehorsamer und geschmeidiger.

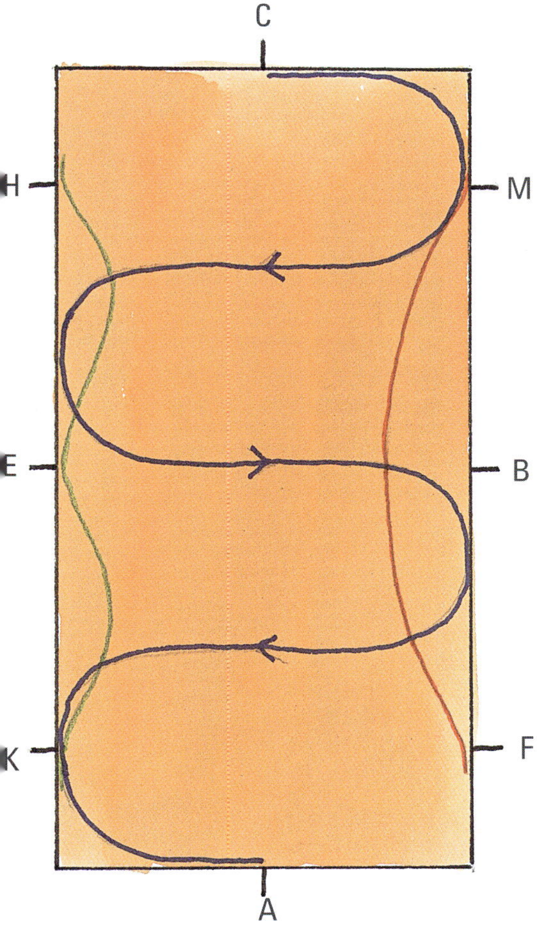

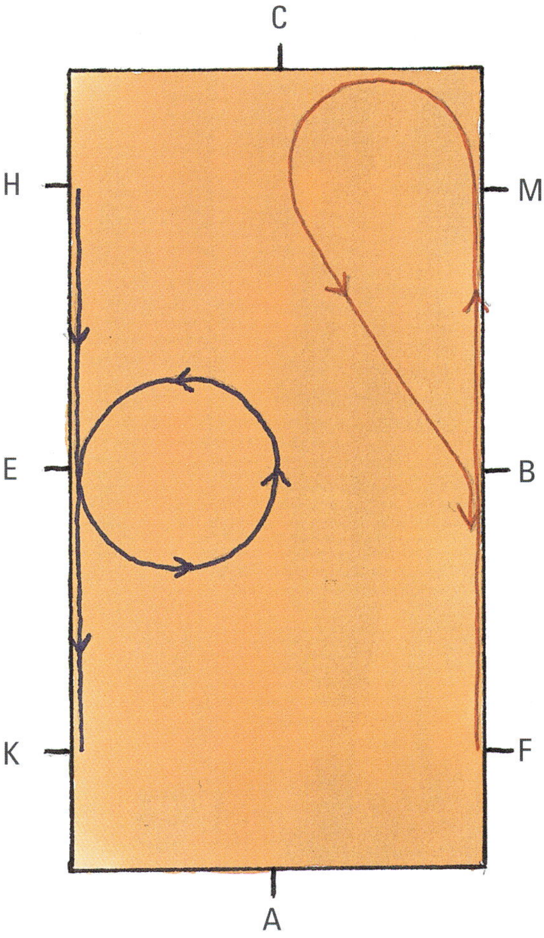

Blau: Schlangenlinien durch die ganze Bahn
Grün: Doppelte Schlangenlinie an der langen Seite
Rot: Einfache Schlangenlinie an der langen Seite

Blau: Volte
Rot: Aus der Ecke kehrt

Hufschlagfiguren auf gerader Linie sind: durch die ganze Bahn wechseln, durch die halbe Bahn wechseln und durch die Länge der Bahn wechseln.

Hufschlagfiguren auf gebogener Linie sind: Auf dem Zirkel geritten, aus dem Zirkel wechseln und durch den Zirkel wechseln, außerdem einfache und doppelte Schlangenlinien an der langen Seite und Schlangenlinien durch die ganze Bahn, Volten und aus der Ecke kehrt.

Auch im Entlastungssitz keinen Buckel machen! Der Reiterrücken bleibt in natürlicher Haltung. Der Kopf wird frei getragen und der Blick ist geradeaus gerichtet.

Reiten über Cavaletti, um Tonnen und Ständer

Der Entlastungssitz

Manchmal wird in der Prüfung zum „Kleinen Hufeisen" das Reiten über Cavaletti verlangt. Cavaletti sind Hindernisstangen, die sich in einer sägebockartigen Aufhängung etwa 20 Zentimeter über dem Boden befinden. Drei bis vier Stangen liegen in 0,80 Meter (für Schritt) oder 1,40 Meter Abstand (für Trab) hintereinander. Der Reiter soll im Schritt oder Trab sein Pferd darüber reiten. Das Pferd soll nicht springen, sondern taktmäßig darüber schreiten oder im Trabe treten.

Hierfür schnallt man die Steigbügel zwei Loch kürzer, sodass man die Bügel mehr austreten kann. Der Oberkörper wird ein wenig vorgeneigt und die Zügel werden kürzer gefasst. Das Gesäß wird nicht mehr so stark

Auch im Leichttraben muss das Pferd gut zwischen Kreuz, Schenkeln und Zügeln eingeschlossen werden, damit es nicht ausbricht. Der Reiter muss aber trotzdem locker und geschmeidig bleiben.

belastet und damit der Pferderücken entlastet. Diese Art zu sitzen nennt man Entlastungssitz.

Der Reitlehrer sagt Gangart und Tempo an. Der Reiter wendet an der kurzen Seite ab und schaut auf die Mitte der quer an der langen Seite stehenden Stangen. Er hat beide Schenkel fest und sicher an das Pferd gelegt, um ein Ausweichen zu verhindern. Die Hände sind tief am Pferdehals und der Oberkörper ist ein wenig nach vorne genommen. Der ganze Sitz muss sehr geschmeidig den Bewegungen des Pferdes folgen. Da das Pferd die Beine stark anheben muss, schwingt auch der Rücken des Pferdes stärker. Die Prüfer wollen sehen, dass der Reiter energisch vorwärts reitet und sich ohne zu stören dem Pferd in der Bewegung anpasst.

Beim Reiten um Ständer und Tonnen herum kommt es darauf an zu zeigen, dass der Reiter sein Pferd auch ohne Vordermann dorthin zu reiten vermag, wohin er will (und nicht, wohin das Pferd will!). Auch hier gilt: Tonne oder Ständer anschauen. Möchte der Reiter nach rechts um die Tonne herum, so sitzt er deutlich nach rechts vorwärts, tritt dabei den rechten Bügel gut aus und stellt sein Pferd rechts, das heißt, er sieht das rechte Pferdeauge schimmern. Der rechte Schenkel treibt vorwärts, während der linke verwahrt, also aufpasst, dass das Pferd nicht mit den Hinterhand ausweicht. Die äußere (linke) Schulter wird mit in die Vorwärtsbewegung genommen, sodass die Schultern des Reiters parallel zu den Pferdeschultern stehen. Mit beiden Händen wird das Pferd rechts um die Tonne geführt und anschließend wieder geradeaus geritten. Während des Rittes um die Tonnen und über die Cavaletti sollte unbedingt ein gleichmäßiges Tempo geritten werden! Das Pferd darf weder vor noch hinter den Stangen davon stürmen. Beim Reiten um die Tonnen wollen die Richter einen Reiter sehen, der sein Pferd geschmeidig umstellen kann. Alles Ziehen und Zerren am Zügel wird übel vermerkt! Die Hilfen sollen aus dem korrekten Sitz heraus gegeben werden. Das Reiten über Cavaletti, Tonnen und Ständer muss gut geübt werden. Aber es macht auch sehr viel Freude!

Auf einen Blick

Die wichtigste Teilprüfung ist der Umgang mit dem Pferd. Hier steht die Sicherheit an allererster Stelle. Deshalb hier noch einmal eine kurze Zusammenfassung:

Sicherheit für das Pferd

- Möglichst nur mit Trense führen
- Die Stallgasse aufgeräumt halten: Forken, Besen, Schubkarren, an denen sich das Pferd verletzen könnte, aus dem Weg räumen
- Halfter nicht auf dem Boden liegen lassen
- Das Nachgurten nicht vergessen
- Nach dem Ausritt Hufe auskratzen
- Das verschwitzte Pferd trocken reiten
- Nur das beruhigte Pferd, welches normal atmet, in die Box bringen
- Wenn das Pferd immer noch feucht ist, den Pferderücken mit einer Decke oder mit Stroh abdecken

Sicherheit für den Reiter

- Immer vorgeschriebenen, splitterfreien Helm tragen
- Lange Haare zusammenbinden
- Lange Schals sicher verknoten oder besser ganz vermeiden
- Keine offenen Jacken tragen; Jacke schließen oder ausziehen
- Niemals mit Turnschuhen im Sattel sitzen, sondern glatte Stiefeletten oder Reitstiefel tragen

Sicherheit für Reiter und Pferd

- Keine Experimente eingehen, sondern lieber den Reitlehrer oder einen erfahrenen Reiter fragen
- Immer bedenken, dass Pferde Fluchttiere und daher schreckhaft sind
- Niemals das Pferd alleine stehen lassen – immer eine Hand ans Pferd!
- Wenn etwas nicht klappt, den Fehler zuerst bei sich selber suchen und dann erst beim Pferd

Vor der Prüfung braucht man keine Angst zu haben! Es wird nichts verlangt, was nicht geübt worden ist. Die Richter sind sehr freundlich und freuen sich über jeden, der sich zur Prüfung für das „Kleine Hufeisen" angemeldet hat. Wenn es in einer Teilprüfung gegen alle Erwartung nicht geklappt hat, ist das auch nicht so schlimm – man kann die Prüfung wiederholen.

So gut ausgerüstet kann man mit viel Freude einen schönen Ausritt genießen.